# CAMP

DE

## FONTAINEBLEAU,

SA POSITION TOPOGRAPHIQUE,

ET

L'ITINÉRAIRE DES ROUTES DE PROMENADES QUI Y CONDUISENT PAR LES
POINTS DE VUE D'OÙ L'ON POURRA OBSERVER LES
GRANDES MANOEUVRES.

Avec une Carte des Sites les plus remarquables
de la vaste Forêt qui l'avoisine.

CET OPUSCULE FAIT SUITE AU GUIDE DU VOYAGEUR DANS LA
FORÊT DE FONTAINEBLEAU.

### PAR C. F. DENECOURT.

PRIX : 1 Fr.

A FONTAINEBLEAU,
CHEZ S. PETIT, LIBRAIRE, RUE DE FRANCE.
ET CHEZ L'AUTEUR, MÊME RUE, 49, MAISON DU SELLIER.

Septembre 1839.

# CAMP
### DE
# FONTAINEBLEAU.

# TABLE.

| | |
|---|---|
| Introduction. . . . . . . . . . Pages | 3 |
| Des Camps anciens et modernes. . . . | 5 |
| Du Camp de Fontainebleau. . . . . | 11 |
| Troupes qui le composent, et chefs qui les commandent. . . . . . . . . | 14 |
| Deux promenades vers le Camp par les points de vue qui le dominent. . . . | 15 |
| Première promenade par le point de vue du Camp. . . . . . . . . | 17 |
| Deuxième promenade par l'ancien ermitage de Franchard, l'antre des Druides, et les rochers des Hautes-Plaines. . . . . | 29 |

# INTRODUCTION.

---

Le Palais de Fontainebleau, ainsi que sa vaste et pittoresque forêt qui le ceint de tous côtés sont d'une telle importance, qu'à différentes époques ont paru des livres destinés à signaler aux artistes et à mettre sous les yeux des curieux les objets merveilleux que l'on rencontre dans ces lieux, *véritables rendez-vous de plaisance* où affluent, pendant les beaux jours d'été et d'automne, Français et étrangers de toutes nations.

Voici une circonstance qui exige un livre nouveau :

Un camp vient de se former sur les confins de la forêt : pour aller le visiter de la manière la plus agréable, et pouvoir observer les grandes manœuvres, il faut connaître les routes y conduisant par les sites les plus remarquables qui se trouvent dans cette direction, et aborder les points de vue culminans d'où l'œil pourra planer à la fois sur le camp et sur la vaste plaine destinée aux évolutions militaires.

A cet effet, l'auteur du *Guide du Voyageur dans la Forêt de Fontainebleau* publie ces quelques pages, qu'il considère comme un appendice à son premier ouvrage, et au moyen desquelles on pourra se diriger et parvenir sans encombre, soit au Camp ou seulement aux points de vue qui le dominent.

# DES CAMPS

ANCIENS ET MODERNES.

L'institution des camps dont le but tend à instruire l'armée et à la mettre à même de paraître avec connaissance de cause devant l'ennemi, remonte à la plus haute antiquité. De prime abord on n'avait aucune idée des garnisons : le soldat passait une grande partie de sa vie, ou à la guerre, ou au milieu des champs sous des tentes. Ce ne fut que chez les Romains et par suite des nombreuses conquêtes qu'ils firent, que pour garder les pays soumis à leur domination, surveiller les villes où la population est plus remuante et par conséquent plus disposée à à secouer le joug du pouvoir, qu'on commença à organiser le système des garnisons. Les camps pour cela ne furent pas négligés ; les travaux matériels de la garnison furent souvent abandonnés, et à diverses époques, on vit sur différens points, une réunion considérable de troupes amenées là pour se livrer aux exercices qui sont assurément la partie la plus intelligente et la plus intéressante de l'art de la guerre.

L'histoire nous apprend que les Romains, sous la conduite d'un chef presque toujours revêtu des hautes fonctions du Consulat, passaient en temps de paix trois ou quatre mois de l'année en pleine campagne : que là des marches longues et pénibles habituaient le soldat à la fatigue : qu'ensuite venaient les exercices de toute nature. Ces petites guerres où l'armée réunie, mais fictivement scindée en deux parties, offrait tantôt le spectacle d'une attaque corps à corps, d'une défense opiniâtre, quelquefois même celui d'une retraite en bon ordre; et tantôt le simulacre d'une grande bataille, où toutes les ressources du génie étaient mises en mouvement comme au jour d'un véritable combat contre les ennemis de la patrie.

Chez les Romains, peuple éminemment militaire, les réunions de troupes étant toujours nombreuses, les mouvemens s'exécutaient sur une très vaste échelle. Là, chaque chef, depuis le grade le plus élevé jusqu'au plus inférieur, trouvait une admirable occasion de se former à la science de la guerre, en même temps que chaque soldat pratiquait sur le terrain des choses qui lui fussent restées inconnues dans la vie de garnison.

A cette époque, toute de gloire, de désordres et de révolutions, à ces représentations guerrières, image de la grandeur nationale d'alors, succédèrent les camps chevaleresques, qui furent d'une grande utilité sous bien des rapports, parce qu'ils contribuèrent à porter la civilisation dans des lieux où jamais, peut-être, sans eux, elle n'eût pénétré.

Plus tard, vinrent les camps de plaisance. Les rois, entourés de maîtresses et de courtisans chamarrés d'or et d'argent, eurent la fantaisie de récréer, parfois, leur cour nombreuse et brillante de l'image d'un combat, d'une bataille. Mais, tout ce qu'il y avait de philosophique et d'élevé dans l'idée des premiers camps disparut; les études stratégiques y furent presque mises de côté; ce ne fut plus qu'une chose d'apparat, une représentation théâtrale, où chefs et soldats étaient de véritables mimes.

Louis XIV, dont les idées guerrières ne peuvent être révoquées en doute, suivit en cela la mode existante. C'est lui qui a fait établir, non loin de Fontainebleau, dans la plaine entre le village de Samois et le hameau de Sermaise, le premier camp qui ait été vu en ce pays. Il avait son but. Jeune et magnifique, son bonheur était de se faire admirer par cette foule qui tourbillonnait autour de ce soleil dont les rayons l'avaient profondément aveuglée. Louis XV, en cela, fut son imitateur. Un camp de plaisance fut établi, par les ordres de ce prince, sur le plateau de Samoreau (rive droite de la Seine) ; il présentait l'aspect de ces agglomérations de cabanes chinoises couvertes de bigarures, dont les voyageurs ont consigné la description dans les récits plus ou moins vrais qu'ils en ont faits. Les manœuvres eurent lieu dans la plaine de Machault. Alors le pont de Valvins n'existait pas: on en fit construire un avec des bateaux amenés du Hâvre et de Rouen. A grands frais on éleva une vaste tente en bois dont l'intérieur fut décoré avec la richesse et la somptuosité la plus fastueuse : plusieurs repas y furent donnés par le prince à ses nombreux invités qui avaient l'honneur d'être servis par des grenadiers en grande tenue. Des réchauffoirs, traînés par des chevaux, portaient dans cette tente les mets les plus succulens, les plus délicieux, préparés dans les vastes cuisines du palais de Fontainebleau.

La république et l'empire eurent aussi leurs camps; mais ces deux gouvernemens, en guerre continuelle avec l'Europe, ne les établirent que dans un but de conquête ou de conservation : les camps de Grenelle, de Dijon et de Boulogne en sont la preuve.

Aujourd'hui, que des idées toutes pacifiques ont fait place aux vues d'envahissement d'alors, que peuples et rois comprennent de quelle importance est actuellement l'équilibre politique dans le monde entier, à cause des relations commerciales qui se sont développées d'une manière extraordinaire, nos camps sont purement consacrés à l'instruction militaire. Le but du gouvernement, en les formant, est d'avoir toujours à sa disposition une armée forte, instruite, disciplinée et disposée à tout événement. Aussi, rien n'est-il négligé pour arriver à ce résultat. Toute la pompe des camps de plaisance a disparu avec la vieille monarchie, toute cette ostentation, tout ce luxe asiatique qui les faisait plutôt ressembler à de riches mascarades qu'à une réunion de soldats, a fait place, de nos jours, à l'étude et à l'application sérieuse de la théorie à la pratique.

# DU CAMP

## DE FONTAINEBLEAU.

Ce camp est posé dans les plaines d'Arbonne, de Macherin, de Saint-Martin et de Fleury ; sa situation est au nord-ouest, à trois petites lieues de Fontainebleau, à quatre de Melun, à deux de la petite ville de Milly et à treize lieues environ de Paris.

Le développement du camp et des terrains de manœuvre, dont le périmètre est de trois lieues, s'étend aux confins de la forêt, à partir des gorges d'Apremont, à la suite desquelles est le petit hameau de Barbison, jusqu'aux rochers nus, escarpés et tout-à-fait agrestes des Hautes-Plaines. Les villages, qui forment sa limite sur la ligne partant des rochers de la forêt, et se courbant ensuite pour arriver directement sur Chailly, sont Arbonne, au midi; au nord, Saint-Martin, qui a en face de lui le petit hameau de Forges; puis Fleury, remarquable par son antique château qu'a possédé et habité le célèbre cardinal de Richelieu, et qui appartient aujourd'hui à M. de Larochejaquelin.

Le camp proprement dit, c'est-à-dire la ligne de tentes où doit loger l'infanterie, appuie sa droite sur le petit bois de la commune d'Arbonne, au midi; et sa gauche sur le village de Saint-Martin et le hameau de Forges, au nord.

Derrière le Camp, et pour alimenter d'eau les troupes, douze puits viennent d'être creusés par les sapeurs-mineurs. Un peu plus en arrière est une ligne de baraques en bois, où sont établis des cabaretiers, des traiteurs, des limonadiers, et d'autres marchands chez lesquels on trouve, comme dans nos restaurans de Paris, tous les objets nécessaires aux consommateurs.

Le quartier-général est placé entre ces deux localités, et n'est pas éloigné de plus d'une portée de pistolet des tentes de l'infanterie; il est établi dans une petite maison construite sur les ruines de l'ancien château de Ville. Le terrain, entouré de murs, comprend environ cinq arpens plantés et boisés. Sur cette surface, se trouve l'habitation du Prince, commandant supérieur : trois petites pièces au rez-de-chaussée la composent. Dans un grenier au dessus, des chambres ont été formées pour son chef d'état-major et les officiers de sa suite ; elles sont éclairées par des châssis à tabatières. Une grange a été transformée en cinq chambres pour les aides-de-camp et officiers d'ordonnance. Mais ce qui donne à ce lieu un aspect pittoresque et militaire en même temps, ce sont les tentes immenses qui entourent la maison, et qui de loin ressemblent à autant de châteaux-forts, au-dessus desquels flotte le drapeau national. Plus bas, au-dessous de la maison, on aperçoit une immense construction en bois, c'est une Salle de Spectacle. Là, les artistes du théâtre des Variétés doivent donner deux représentations par semaine, aux frais du Prince. Enfin, tout a été mis en œuvre pour rendre ce lieu aussi facile et aussi agréable que peut l'être un campement tout-à-fait militaire, et les dispositions faites en huit jours sont de nature à étonner les personnes qui n'ont pas l'habitude de ces sortes de travaux, pour l'exécution desquels la Conservation du mobilier de la Couronne, à Paris, a ouvert ses vastes magasins.

Ce serait peut-être ici le lieu de donner la nomenclature des divers régimens qui doivent composer le camp de Fontainebleau, ainsi que les noms des lieutenans-généraux, maréchaux-de-camp, et colonels qui y commanderont; mais comme il y a urgence de mettre sous presse, et que les données à cet égard ne sont point encore exactes au moment où nous écrivons, nous renvoyons cette liste détaillée et positive à la fin de ce petit volume.

# DEUX PROMENADES

# DE .FONTAINEBLEAU

## AU CAMP,

PAR LES POINTS DE VUE D'OU L'ON POURRA
OBSERVER LES GRANDES MANOEUVRES.

# PREMIÈRE PROMENADE

PAR

LE POINT DE VUE DU CAMP[1].

SORTIE PAR LA BARRIÈRE DE PARIS.

En sortant de la barrière, il faudra se diriger par le chemin de Fleury, le premier à gauche de la route de Paris. Ce chemin, l'un des plus larges de la forêt, est bordé des deux côtés par une suite de hauts taillis, de gaulis et de demi-futaies d'assez belle venue. Après l'avoir suivi jusqu'au dessus de la côte et même un peu au-delà du pavé, on prendra à droite, entre un chêne et un charme, la troisième route du carrefour[2], allant au Puits au Géant. L'ayant

---

[1] Cette promenade vers le camp est la plus directe et la mieux ombragée.

[2] On entend par carrefour un point sur lequel se croisent ou aboutissent plusieurs routes ou chemins.

parcourue directement cinq à six minutes, entre un bois taillis à gauche et des arbres de vieille futaie à droite, on arrivera sur un large chemin qu'on nomme la Route Ronde à cause de son développement autour d'une grande partie de la forêt. Cette route sera traversée en pénétrant sous les frais ombrages du Puits au Géant, canton de bois, ainsi nommé on ne sait pourquoi. Les arbres qui le composent sont en général des hêtres, dont la disposition en cépées et leur pousse élancée forment de superbes bouquets.

Arrivé sur un carrefour à la sortie de ces bouquets de hêtre, on prendra par la deuxième route à droite, conduisant aux Ventes Alexandre ; on suivra cette route sans dévier, c'est-à-dire en négligeant tout chemin à droite et à gauche.

Après un trajet de quelques instans parmi les blancs bouleaux et les agrestes genevriers qui ornent le chemin, et après avoir coupé la petite gorge qui limite ces jolis végétaux ; on se trouvera au pied des monts Girard ; ici on mettra pied à terre, afin que l'équipage puisse gravir le *raidillon* que l'on a devant soi.

Parvenu sur la hauteur, après avoir négligé un

chemin à droite, on aura une suite d'ombrages à parcourir, tantôt en côtoyant le haut bord ou le revers de la montagne, et plusieurs carrefours à traverser de la manière suivante : le premier, par la troisième route à droite ; le deuxième, par la deuxième également à droite, et le troisième, directement en pénétrant entre un bois plus haut et plus épais.

Arrivé à un autre carrefour, on prendra par la deuxième route à gauche, allant au bornage de Fleury et qui sera suivie jusqu'au deuxième chemin à gauche, allant à la plaine de Macherin, vaste et profonde vallée, d'un aspect sauvage et en partie limitée par des monts et des rochers. En arrivant sur sa rive escarpée, il faudra tourner à droite et suivre directement pour aller gagner le Point de vue du Camp, plate-forme située à la pointe du plateau, près du mont Rond, et qui vient d'être disposée par l'administration forestière [1].

---

[1] Administration qui, on peut le dire avec justice et reconnaissance, ne néglige rien pour accroître les embellissemens de notre pittoresque forêt, et en faire un panorama délicieux et des plus variés, que visitent les nombreux étrangers qui viennent l'admirer, et sont

Parvenu sur cette plate-forme, on y jouira d'un admirable point de vue, tant par son étendue que par les diverses perspectives qui s'offrent aux regards de l'observateur. A cent pieds au-dessous de cette position, on voit se terminer l'immense forêt de Fontainebleau, aux limites de laquelle commencent les plaines d'où apparaissent les mille tentes qui composent le camp; à droite de cette cité improvisée et par-delà les plaines, on voit l'infuyable Tartre-Blanc, banc de sable aperçu de cent points différens; sur la gauche et à une distance bien plus rapprochée de l'observateur, la vue rencontre de longues chaînes de rochers, des montagnes et des vallées, dont l'aridité et la teinte sombre offrent l'aspect le plus sauvage et le plus frappant; mais ce qui ajoute à la sauvagerie de ces lieux si agrestes et si nus, ce sont les monticules, les larges bancs de sable qui apparaissent çà et là, et dont la pâle blancheur tranche singulièrement avec le ton des bruyères qui tapissent les collines, et avec la couleur grisâtre des grès calcinés.

une cause de bien-être pour notre ville, qui d'ailleurs possède si peu de ressources.

Ces rochers et ces vallées où règne le silence de la stérilité, quelquefois interrompu par les croassemens des corbeaux ou par les cris funèbres du hibou, offrent un singulier contraste à côté de cette plaine parsemée de villages et couverte de soldats, de cette plaine sillonnée de curieux, arrivant de toutes les directions, pour voir le camp et la petite guerre. Les jours où cette petite guerre a lieu, alors nos rochers et nos déserts cessent d'être silencieux, car, il semblerait que l'écho des vallées répond au fracas de l'artillerie, et à la fusillade des bataillons.

De ce beau point de vue, l'on aura la faculté d'aller visiter le camp ou bien de retourner à Fontainebleau par les hauteurs des Gorges d'Apremont; voici l'itinéraire à suivre pour se transporter sur l'un ou l'autre de ces points.

### TRAJET DU POINT DE VUE DU CAMP A LA PLAINE OCCUPÉE PAR L'ÉTAT-MAJOR ET LES TROUPES.

Après avoir contemplé la scène qu'offre ce

point de vue, on partira en prenant le chemin par lequel on y est venu, et ayant retourné sur ses pas l'espace d'une centaine de mètres, on se trouvera à l'angle de la nouvelle coupe de bois. Ici l'on se dirigera à gauche, entre cette nouvelle coupe et un taillis de quelques années; bientôt on arrivera sur le travers d'un chemin qu'il faudra suivre à gauche pour descendre la montagne, au bas de laquelle on traversera un carrefour de cinq routes, en prenant la deuxième à gauche, allant au bornage de Fleury. En parcourant cette route sans dévier, on débouchera dans la plaine, sur la droite de Macherin; parvenu à la hauteur de ce hameau, et sur le travers d'un chemin dont la gauche y conduit, on s'y rendra pour de là arriver au camp.

Lorsqu'on aura visité le camp, et qu'il sera temps de retourner à Fontainebleau, il faudra, pour fuir autant que possible les sables qui rendent les chemins si pénibles aux chevaux, aller gagner la route de Paris, soit à Chailly par la droite de Forges, ou bien au bornage de la vieille futaie du Bas-Bréau par Barbison.

RETOUR DU POINT DE VUE DU CAMP A FONTAINEBLEAU PAR LES HAUTEURS DES GORGES D'APREMONT.

En partant du point de vue du camp, on reprendra le chemin par lequel on y est venu, et l'on retournera sur ses pas directement jusqu'au bord escarpé de la plaine de Macherin. Ensuite il faudra se diriger à gauche, pour aller gagner la première route à droite, conduisant au carrefour des monts Girard ; c'est la même que l'on a parcourue en venant de Fontainebleau. L'ayant rejoint, et parvenu au premier chemin à gauche, l'on s'y dirigera, pour arriver sur un carrefour à la sortie du bois ; ici il faudra mettre pied à terre et avancer quelques pas parmi les genevriers qui sont en face, et l'on se trouvera sur la pointe des rochers qui forment un des bords du vallon des Gorges d'Apremont.

De ce point, la vue plane à la fois sur l'un des sites les plus remarquables de la forêt de Fontainebleau, et sur de vastes et riantes contrées, où l'on aperçoit grand nombre de villages, de hameaux, et même plusieurs villes, tels que : Corbeil, Montlhéry, etc ; laissant tomber un regard sur les profondeurs, au-dessus desquelles l'observateur est comme suspendu : il voit des amas de rochers, disposés de toutes manières, les uns arides et nus, les autres ombragés seulement par de rares bouleaux, puis, çà et là, des blocs énormes et d'une configuration singulière, parmi lesquels on distingue la Roche de Marie-Thérèse, masse qui a la forme d'un champignon ; entre ces grès épars, on voit des bruyères et des pelouses de serpolet, ombragées par de vieux et rustiques chênes, servant fréquemment d'études aux paysagistes, et dont les plus remarquables sont le Sully, le Henri IV, l'Orageux, etc.

Après avoir admiré ce panorama, on remontera en voiture, et l'on repartira du carrefour en prenant le premier chemin à droite de celui par lequel on y est arrivé, chemin allant aux monts Girard.

Arrivé sur le travers d'un autre chemin, on se dirigera à droite jusqu'à la première route à gauche, laquelle sera suivie directement vers le carrefour des monts Girard, carrefour spacieux et étoilé par huit jolies routes. De ce point, on partira par la troisième à gauche allant à Clair-Bois.

Arrivé au premier carrefour, à la sortie des lieux ombragés, il faudra mettre pied à terre pour aller donner un coup-d'œil sur la deuxième partie des Gorges d'Apremont ; à cet effet, on prendra par le sentier, entre le poteau et un hêtre solitaire assez beau ; et en moins d'une centaine de pas, on abordera la gorge la plus spacieuse, la plus profonde et la plus aride de la forêt ; son développement intérieur, hérissé de rocs abîmés et affreusement bouleversés, offre à l'esprit étonné l'image du chaos et de la stérilité. Cependant, le fond de ce vaste gouffre et les espaces qui se trouvent entre les masses de grès qu'on y voit, commencent à se parer d'une certaine verdure, verdure qui annonce qu'un jour l'âpreté de ces tristes lieux sera ensevelie sous une forêt de pins [1].

---

[1] Depuis 1830, cet arbre étranger, et vert en toute saison, se propage considérablement dans la forêt de Fontainebleau, mais dans les terrains où la culture de toute autre espèce serait infructueuse. Par cette heureuse innovation, bientôt nos sables mouvans et toutes

Bientôt satisfait de l'aspect sombre qu'offre ce site, on reviendra au carrefour, monter en voiture et prendre la première route qui se trouve à gauche en revenant des bords de la gorge.

Arrivé à un carrefour de cinq routes, il faudra se diriger par la deuxième à droite, et parvenu à la première croisière de chemin, prendre le deuxième à gauche, conduisant dans la gorge aux Néfliers. Descendu dans le bas de cette gorge dépourvue de bois et de rochers; on la traversera en coupant deux chemins, et ensuite on pénétrera sous les plus belles cépées du Puits au Géant, à la sortie desquelles on arrivera sur la route Ronde, qu'il faudra franchir pour passer sous les magnifiques ombrages de la Tillaie, futaie des plus anciennes et des plus hautes de la forêt. Après un trajet de quelques minutes sous cette futaie, on se trouvera au pied du Bouquet-du-Roi, chêne le plus droit, le plus élevé de tous, et dont l'âge re-

les parties les plus âpres et les plus stériles de nos déserts deviendront ombragés et aussi agréables à parcourir que le sont les pittoresques rochers d'Avon et de Bouligny.

monte au-delà de quatre cents ans. Il en existe quelques autres non moins remarquables dans son voisinage, parmi lesquels on distingue : le Bouquet-de-la-Reine, les Deux-Frères, le Pharamond, etc., etc.

Ayant visité ces doyens de la forêt, il faudra continuer dans la même direction le chemin par lequel on est arrivé au Bouquet-du-Roi, et qui devient alors celui allant au carrefour de Paris. Parvenu sur ce point qui est coupé par la grande route, on le traversera directement pour entrer de nouveau sous les ombrages d'une haute futaie, à la sortie de laquelle on se trouvera sur le carrefour de la Butte-aux-Aires. De ce point, il faudra se diriger par la route du Roi, la deuxième à droite, et qui va en serpentant entre un épais taillis, où l'on voit des chênes, des hêtres, des charmilles, des bouleaux, puis des pins, des cèdres et des mélèzes.

Après un trajet de quelques centaines de pas entre cette variété d'arbres, on débouchera vers le bord du plateau, et l'on commencera à descendre la pittoresque vallée, au milieu de laquelle apparaît la ville et le château de Fontainebleau. Au fur et à mesure que l'on descend, la perspective se développe et devient admirable surtout au moment où le soleil est près de se coucher.

Cette délicieuse route sera suivie en côtoyant la montagne à gauche jusqu'au carrefour du Mont-Pierreux, d'où l'on rentrera en ville, soit en prenant la première ou bien la deuxième route à droite, dont l'une aboutit à l'entrée de la rue de France, et l'autre à celle de la rue du Cimetière.

# DEUXIÈME PROMENADE

## DE FONTAINEBLEAU AU CAMP

PAR L'ANCIEN ERMITAGE DE FRANCHARD ET LES ROCHERS DES HAUTES-PLAINES[1].

### SORTIE PAR LA BARRIÈRE DE PARIS.

Sortant de la barrière on prendra, comme pour la promenade qui précède, le chemin de Fleury, le premier à gauche de la route de Paris. L'ayant parcouru l'espace d'une demi-lieue, et parvenu au-dessus de la côte, on le continuera de ce point jusqu'à la deuxième route à gauche, *route de Franchard*, et qu'il faudra suivre pour aller prendre le premier chemin à droite, lequel va aboutir sur la large route Ronde, que l'on traversera en prenant un chemin qui pénètre en serpentant sous la

---

[1] Cette deuxième promenade, moins ombragée et moins directe que la précédente, offre un aspect plus agreste et plus sauvage.

vieille futaie du Chêne-Brûlé. Après une marche de quelques minutes, sans dévier, on arrivera à la sortie de cette futaie, et immédiatement après à Franchard, ancien monastère sur les ruines duquel on a construit une maison servant à la fois d'habitation au garde du canton et de rendez-vous aux nombreux voyageurs qui visitent la forêt. On y trouve quelques rafraîchissemens, des œufs, du laitage, et du miel récolté dans les rochers. On vient d'ajouter à cette habitation solitaire un pied-à-terre destiné aux membres de la famille royale.

En quittant Franchard, il faudra se diriger à pied par le sentier des Abeilles, à gauche du Puits; après l'avoir suivi quelques instans sous les marronniers, et ensuite parmi de vieux genevriers, on descendra un escalier débouchant sur la route qui pénètre entre la Grotte des Ermites et la Roche-qui-Pleure, ainsi nommée parce qu'elle suinte goutte à goutte, et à de rares intervalles, l'eau des pluies tombée sur les parties creuses de son sommet. La grotte des Ermites est située à gauche de la route, et en face de la Roche-qui-Pleure. Ses cavités et les arbres qui l'ombragent offrent un aspect singulièrement agreste. Ayant visité ce site, il faudra continuer à pied la route qui descend dans l'aride et sombre gorge de Franchard, et au fond de laquelle on prendra le premier chemin à droite, qui sera suivi jusques vers un sentier que l'on rencontrera à gauche. Ce sentier, qui va en serpentant vers le haut de la gorge, aboutit à l'Antre des Druides, spacieuse caverne dans laquelle cinquante à soixante personnes pourraient à la fois trouver un abri. La roche qui en forme la voûte est disposée et suspendue d'une manière effrayante. En quittant cette caverne, on se dirigera par l'issue à droite, communiquant à un escalier par lequel on arrivera sur la crête du rocher, d'où l'on aura en vue l'équipage que l'on rejoindra en suivant le sentier qui sillonne le rocher.

Le cocher devra, en partant de Franchard, prendre la route de calèche à droite du Puits, et la suivre jusqu'à la première à gauche, allant sur les Hautes-Plaines, laquelle sera parcourue, sans dévier, en passant près la Roche-qui-Pleure, et en traversant la gorge de Franchard, dont il vient d'être parlé. Parvenu au carrefour situé à la sortie de cette gorge, il se dirigera à droite par la route allant au bornage d'Arbonne, ensuite il prendra le premier chemin à gauche, puis le premier à droite, abordant les Hautes-Plaines, et à l'entrée duquel il attendra son monde.

Étant remonté en voiture, il faudra suivre le chemin sur lequel on vient de faire jonction, et le continuer directement, en traversant plusieurs carrefours, dont un de sept routes, jusqu'à l'entrée d'une partie stérile et rocailleuse. A cet endroit, le chemin tournant un peu à droite, on suivra toujours la voie la plus large et la plus frayée. Après s'être dirigé ainsi, l'on parviendra en peu d'instans sur une sorte de plate-forme située à l'extrémité des Hautes-Plaines. Ici l'on descendra de voiture pour se transporter sur la rive des roches qui sont aperçues à quelques centaines de pas en avant, et d'où l'on aura une belle vue sur le camp et sur toutes les contrées que l'on découvre des Ventes-Alexandre (aujourd'hui désignées sous le nom de Point de vue du Camp).

Du point de vue des Hautes-Plaines, deux directions pour retourner à Fontainebleau s'offrent au choix du voyageur. La première, la moins longue à parcourir, est celle par la gorge du Houx et le rocher Mont-Aigu; l'autre, bien plus longue, est celle par le camp.

Voici l'itinéraire de chacune de ces directions.

### RETOUR DU POINT DE VUE DES HAUTES-PLAINES A FONTAINEBLEAU PAR LE CAMP.

Après avoir joui du coup-d'œil qu'offre la pointe des rochers des Hautes-Plaines, et après avoir rejoint la voiture, on poursuivra la route de calèche qui côtoie le haut-bord du plateau, et offre une suite de points de vue intéressans et des plus agrestes. Ayant continué l'espace de dix minutes sans s'écarter des rochers, on arrivera sur un carrefour de cinq routes, d'où il faudra se diriger par la première à gauche, laquelle est bordée de jeunes pins des deux côtés.

Cette route conduit dans une gorge étroite et hérissée de grès. On la suivra, en négligeant le premier chemin à droite, celui qui est immédiatement au bas de la descente. Parvenu à un autre embranchement de route, on prendra à droite, et ensuite le premier chemin à gauche traversant une petite plaine tapissée de sombres bruyères et flanquée de rochers.

Arrivé sur un carrefour de six routes, il faudra se diriger par la troisième à droite, qui sera parcourue jusqu'au premier chemin à gauche, par lequel on abordera les limites de la forêt, à la pointe d'un jeune et épais taillis de chênes. Ici l'on se trouvera sur le chemin d'Arbonne à Fontainebleau ; on le suivra, en se portant directement au-delà du cordon de la forêt ; et, arrivé au troisième chemin à droite, on s'y dirigera pour pénétrer dans la plaine et se porter vers le Camp.

Le grand chemin de Fleury est la voie la plus directe pour revenir du Camp à Fontainebleau ; mais ce chemin, n'ayant pas été réparé dans toute sa longueur, est à peine praticable, et surtout pour les voitures de promenade. Il sera donc prudent de l'éviter et d'aller gagner, ainsi que je l'indique dans la précédente promenade au Camp, la route de Paris, soit à Chailly, soit à l'entrée du Bas-Bréau, par Barbison.

### RETOUR DU POINT DE VUE DES HAUTES-PLAINES A FONTAINEBLEAU PAR LA GORGE DU HOUX ET LE ROCHER MONT-AIGU.

Ayant quitté la pointe des rochers et regagné la voiture, on continuera, ainsi qu'il est indiqué plus haut, la route côtoyant le haut-bord du plateau jusqu'à un carrefour de cinq routes, sur lequel on arrivera après un trajet de dix minutes. Ce point sera traversé en prenant la deuxième route à gauche, qui sera directement suivie en coupant un carrefour de sept routes, par la troisième à droite allant aboutir à un autre grand carrefour de neuf routes, d'où l'on prendra la deuxième à gauche conduisant à la sortie des Hautes-Plaines, sur un carrefour traversé par la route Ronde, la troisième à gauche, qu'il faudra suivre environ deux cents pas, et se diriger ensuite à droite par la route allant au carrefour du Mont-Fessas. Ayant parcouru cette route l'espace de quelques minutes, on arrivera sur un carrefour, à l'entrée de la gorge du Houx, dans laquelle on descendra en suivant la route la plus frayée. Cette gorge, d'abord étroite et profonde, s'élargit bientôt et présente l'aspect d'un monde de rochers. L'ayant descendue l'espace d'un quart-d'heure, on apercevra, sur la gauche, et à peu de distance du chemin, un énorme bloc appelé le Cœur-du-Diable, et devant lequel s'élève un jeune et blanc bouleau. Immédiatement après avoir dépassé cette roche, on traversera un carrefour en prenant par la deuxième route à gauche, toujours la plus frayée, et allant en serpentant entre des masses de grès confusément répandues, et parmi lesquelles on en remarque dont les formes sont des plus bizares, surtout une qui est à quelques pas sur la droite du chemin et un peu avant que d'arriver au rocher Mont-Aigu. Cette masse, diviversement trouée et creusée par la puissance des élémens, présente différentes figures d'animaux, entre autres celle de l'éléphant. Mais, ce qui ajoute à la singularité de cette roche, c'est une citerne vue dans son intérieur à quelques pieds au-dessus du sol, et dont les eaux tarissent rarement.

En sortant de visiter la roche de l'Éléphant, on arrivera sous une rotonde de pins du Nord, située au pied du Mont-Aigu, rocher au sommet duquel on jouit d'une belle vue sur la forêt et sur la campagne. Du bas de ce rocher, il faudra suivre à gauche la route de calèches qui le côtoie, laquelle va aboutir sur le carrefour du Mont-Fessas, parsemé de dix routes, qui sera traversé en prenant la cinquième à droite. Cette route conduit directement vers le Parquet en face de la porte d'entrée de la Faisanderie, lieu où l'on élève des faisans, et parmi lesquels on en distingue des espèces rares, dont les couleurs sont des mieux tranchées et des plus vives.

En quittant la Faisanderie, on continuera le chemin, toujours en côtoyant le mur du Parquet jusqu'à l'entrée de la ville par la rue Royale.

## COMPOSITION DU CAMP DE FONTAINEBLEAU.
(NOTE COMMUNIQUÉE.)

S. A. R. le Duc DE NEMOURS, commandant supérieur.

*Aides de Camp.*

Le lieutenant-général comte COLBERT.
Le maréchal-de-camp BOYER.
Le commandant BOERIO.
Le capitaine BERTHIER.
Le capitaine BOREL DE BRETIZEL.
Le capitaine baron JAMIN, attaché à M. le Duc d'AUMALE.
M. LARNAC, secrétaire des commandemens.

Le colonel PERROT, chef d'état-major-général.

*Division d'Infanterie.*

Le lieutenant-général DESPANS DE CUBIÈRES, commandant.

Le chef d'escadron Eynard, chef d'état-major.

*Première Brigade.*

Le maréchal-de-camp Négrier, commandant.

*Elle est composée des*

4ᵉ régiment d'infanterie légère. M. Galinier, colonel.

10ᵉ régiment d'infanterie légère. M. Marthe, colonel.

Bataillon de chasseurs à pied. M. Grobon, commandant.

*Deuxième Brigade.*

Le maréchal-de-camp de Lasborde, commandant.

*Composée des*

18ᵉ régiment d'infanterie de ligne. M. Taillandier, colonel.

27ᵉ régiment d'infant. de ligne. M. Guyroye-Cabé, colonel.

28ᵉ régiment d'infant. de ligne. M. Escande, colonel.

*Division de Cavalerie.*

Le lieutenant-général marquis de Faudoas, commandant.

Le chef d'escadron Pélissier, chef d'état-major.

*Première Brigade.*

Le maréchal-de-camp Vidal de Lery, commandant.

*Composée des*

3ᵉ régiment de lanciers. M. Guys, colonel.

4ᵉ régiment de lanciers. M. de Blocqueville, colonel.

8ᵉ régiment de dragons. M. Lepays de Bourjolly, colonel.

*Deuxième Brigade.*

Le maréchal-de-camp d'Astorg, commandant.

*Composée des*

3ᵉ régiment de cuirassiers. M. Raoul, colonel.
4ᵉ régiment de cuirassiers. M. de Saint-Paer, colonel.
6ᵉ régiment de dragons. M. Schérer, colonel.

*Compagnie du Génie.*

Le capitaine Bey, commandant.

*Artillerie.*

Le colonel Legendre, du 4ᵉ, commandant en chef.

Deux batteries à cheval, sous les ordres du chef d'escadron Guérin, du 2ᵉ régiment de l'arme.

Deux batteries montées à pied, sous les ordres du chef d'escadron Guichou, du 10ᵉ de l'arme.

*Compagnie du Train des équipages.*

Le capitaine Charonnet, commandant.

*Force publique.*

Le lieutenant de gendarmerie Brue, commandant.

## CLASSEMENT DES RÉGIMENS AU CAMP DE FONTAINEBLEAU.

A la droite, appuyés au bois de la commune d'Arbonne :
1° La batterie d'artillerie à cheval.

2° Le bataillon de chasseurs à pied.
3° Le 4ᵉ léger, dont S. A. R. le Duc d'AUMALE commande une compagnie.
4° Le 10ᵉ de la même arme.

*Au Centre.*

La compagnie du génie.

*A Gauche.*

1° Le 18ᵉ régiment de ligne.
2° Le 27ᵉ de la même arme.
3° Le 28ᵉ de la même arme.
4° La batterie d'artillerie montée à pied.

Elle est placée, en ligne directe, entre le village de Saint-Martin et le hameau de Forges. Quant à la cavalerie, les 3ᵉ, 4ᵉ lanciers et 8ᵉ dragons sont à Fontainebleau ; les 3ᵉ, 4ᵉ régimens de cuirassiers et 6ᵉ de dragons sont cantonnés dans les villages et hameaux les plus rapprochés du Camp.

Résumé approximatif de la force du Camp de Fontainebleau :

| | |
|---|---|
| Infanterie. . . . | 8,000 hommes env. |
| Cavalerie. . . . | 2,500 |
| Artillerie. . . . | 300 |
| Génie . . . . . | 100 |
| Train des équipages | 200 |
| TOTAL . . . | 11,100 hommes. |

FIN.

Fontainebleau, imp. de E. JACQUIN.

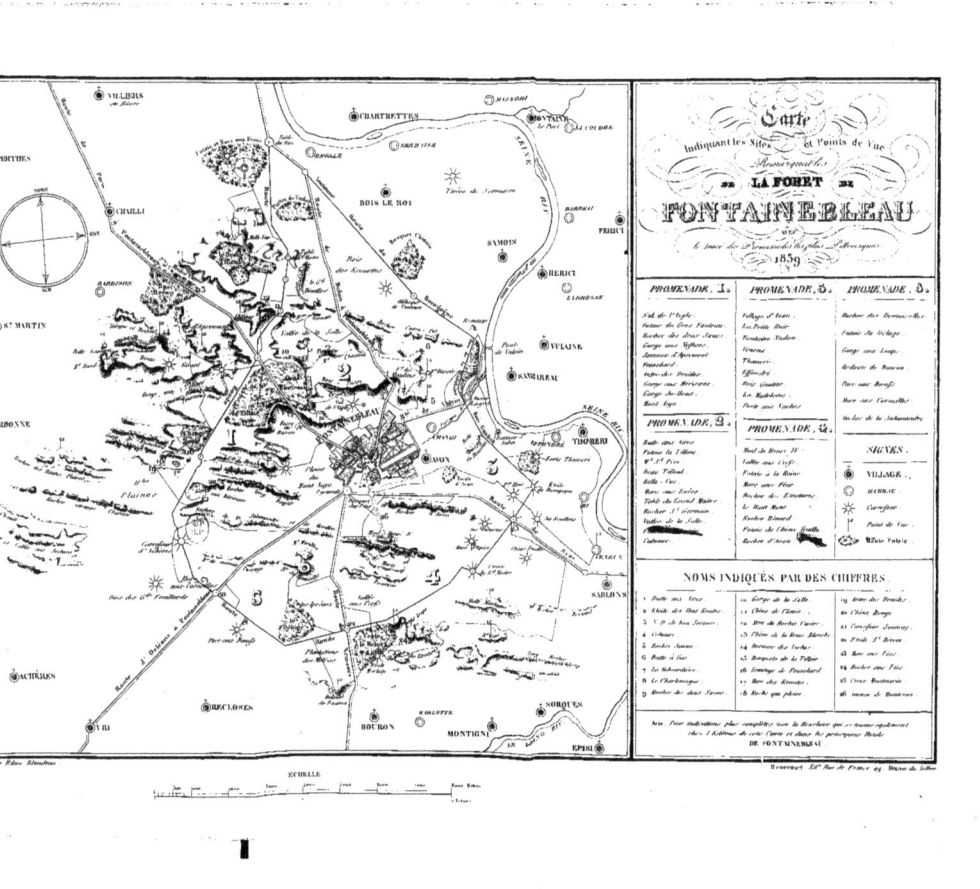

www.ingramcontent.com/pod-product-compliance
Lightning Source LLC
Chambersburg PA
CBHW060459050426
**42451CB00009B/723**